にゃんこ
なるほど!!
慣用句

インテルフィン

はじめに

「慣用句」とは、昔から習慣として使われてきた「言い回し」のこと。

2つ以上の単語が結びついて、それぞれの言葉の意味を超えた、全体としてある特別の意味を表します。

同じようなもので「ことわざ」があり、こちらは意味に教訓や格言も含んでいるものです。どちらも日々の生活に密着した身近なものですが、知っているようで実はよくわかっていなかったり、使っていたけど意味を勘違いしていたり、語源はまったく知らないなんてこと、ありませんか。

本書は、猫のかわいい写真と慣用句を組み合わせた、見て読んで楽しいことば辞典です。笑って、怒って、嘆いて、呟いて、悟って、戦って…と、さまざまなおもしろい猫たちがモデルになって、言葉を紹介しています。

慣れ親しんでる慣用句から、あまり聞いたことがなさそうなものまで、猫たちの行動や様子にぴったりくる言葉を集め、収録しました。

きっと、**興＊に入って**いただけるはずです。

＊夢中になって楽しむこと。

解説の見方

意味と用例はすべての言葉で紹介しています。
その他は言葉ごとに気になる項目を掲載しました。

頭打ちになる
【あたまうちになる】
意味
物事が限界に達して、それ以上進展する見込みのない状態になる。
用例 「いくら勉強してもテストの点は頭打ちで、成績を上げることができず伸び悩んでいる」
語源・由来 「頭打ち」は、もとは金融業界で相場が高値の限界に達することの意。
類語 伸び悩み、上げ止まり
対義語 底を打つ、下げどまり
関連語 横ばいになる、足踏みをする

言葉
慣用句・ことわざ／よみがな

意味
言葉の意味

用例
言葉の用い方の例

語源・由来
言葉のもとの形や意味、いつ・どこからきているかなど

類語
意味が似ている語

対義語
意味が正反対の関係にある語

関連語
意味は違うが関連する語、似たニュアンスで使われる語

もくじ

魂が抜けたよう

【たましいがぬけたよう】

意味

気力を失ってぼんやりしているさまのたとえ。

用例 「私は落胆のあまり魂が抜けたようになってしまった」

語源・由来 魂が肉体から離れてしまったようであるの意から。

類語 放心状態

灰汁が強い

【あくがつよい】

意味

人の性質、言動などに独特のしつこさやクセがあること。

用例 「彼はいいやつなんだけど、外見の灰汁の強さで誤解されがちだ」

語源・由来 「灰汁」は、わら灰・木灰を水に浸して取った上澄みの液。また、野菜類などに含まれる、えぐ味・苦味・渋味・辛味などのある成分。

腹が据わる

【はらがすわる】

意味

何かが起きても動じないこと。

用例 「腹が据わるためには、普段から精神を鍛錬しておくことが必要だ」

語源・由来 「腹」は体の内臓などの体の中心部分の意味することから、覚悟ができてどっしりと落ち着くことから。

類語 肝が据わる、度胸が座る

肩身が狭い

【かたみがせまい】

意味

世間に対して引け目を感じて、恥ずかしい。いごこちが悪いこと。

用例　「クラスで自分一人だけ帰宅部なので、肩身が狭い思いをしている」

語源・由来　肩と、体の幅が狭いの意から。「肩身」は世間に対する面目を示す。

類語　穴があったら入りたい、顔から火が出る

丸く収まる

【まるくおさまる】

意味

角が立たないように、円満に解決する。穏やかに落着する。

用例 「話し合いの結果、今回の件は丸く収まった」

語源・由来 「丸い」は、ここでは、物事の状態などが穏やかである、また、人柄などが円満であるさまの意。

へべれけに酔う

【へべれけによう】

意味

酒を飲んで、正体がないほどにひどく酔った状態。また、そのさま。

用例　「昼からへべれけになるまで飲酒をする大の酒好きです」

語源・由来　「へべれけ」は、ギリシア語の「ヘーベーエリュエーケHebeerryke（ヘーベのお酌）」がなまったものという説がある。ギリシア神話に、美しい女神ヘーベーのお酌で神々が前後不覚に酔いしれたという話がある。

類語　ぐでんぐでんに酔う、出来上がる

板挟みになる

【いたばさみになる】

意味

対立する両方の間に立って、どうしてよいかと迷いなやむ。

用例 「営業部門と現場の主張の板挟みになって、本部長も弱っているらしい」

語源・由来 板と板との間に挟まれて身動きできないという意から。

類語 股裂き状態、ジレンマになる

手も足も出ない

【てもあしもでない】

意味

自分の力では、どうにもできない。

用例　「今日のテスト、勉強不足で手も足も出なかった」

語源・由来　体が萎縮してしまって、身動きが取れないさまから。

類語　なす術がない、歯が立たない、太刀打ちできない

臍で茶を沸かす

【へそでちゃをわかす】

意味

おかしくて笑いがとまらない。ばからしくてお話にならない。

用例 「あと3日で10キロ痩せてみせるって!? まったく臍で茶を沸かすようなことを言うね」

類語 鼻で笑う、笑止千万、片腹痛い、ちゃんちゃらおかしい

不覚を取る

【ふかくをとる】

意味

油断して失敗する。

用例　「余裕でキャッチできると甘くみて、不覚を取ってしまった」

語源・由来　「不覚」は、意識がしっかりしていないこと。それと気づいていないこと。

対義語　兜の緒を締める

首を長くする

【くびをながくする】

意味

あることが到来するのを今か今かと待ちこがれる。

用例 「彼女はご飯の時間が待ち遠しくて、首を長くして待っていた」

語源・由来 何かを待っている人が、待ちきれなくて首を伸ばしたりしている様子から。

類語 一日千秋の思いでいる

青菜に塩

【あおなにしお】

意味

元気だった人が、元気をなくしてしょんぼりしている様子。

用例 「どうしたの？　まるで青菜に塩だね」「すごく楽しみにしてたのに、話題の高級猫缶、売り切れてたって…」

語源・由来 青菜に塩をかけるとしおれることから、人が力なくしおれたさまにいう。

対義語 水を得た魚

腑に落ちない

【ふにおちない】

意味

納得できない。わからない。

用例　「あなた猫だよね？　その座り方は何度見ても腑に落ちないわ」

語源・由来　「腑」は腸（はらわた）のことで、食べたものを「腑」に落とし込むことができないことから。

類語　理解に苦しむ、解せない

対義語　合点がいく

気が滅入る

【きがめいる】

意味

気持ちが沈んで、ゆううつになる。

用例　「あと5日で夏休みが終わるかと思うと気が滅入るよ」

語源・由来　「滅」は「ほろびる、きえる」という意で、「気」が付いて「気持ちが消えていく、元気がなくなる」。

類語　肩を落とす、ガッカリする、しょんぼりする

対義語　気が晴れる

目と鼻の先

【めとはなのさき】

意味

距離がきわめて短いさま。

用例　「家から学校は目と鼻の先なのに、兄はいつも遅刻している」

語源・由来　目と鼻の間が、とても近いことから。

類語　指呼《しこ》の間《かん》、目睫《もくしょう》の間《かん》

悦に入る

【えつにいる】

意味

物事がうまくいって、大いに気をよくする。

用例　彼は運よく二度おやつをもらえたので、一人悦に入っている」

語源・由来　「悦」は、満足してうれしく思うこと。「入る」は、ここでは、事態が進んで、ある状態に達する意。

類語　ほくそ笑む、ニンマリする、したり顔

惰眠を貪る

【だみんをむさぼる】

意味

すべきことをしないで、のらくらと過ごす。惰性で暮らす。

用例 「日がな一日惰眠を貪っていても、誰にも責められない猫がうらやましい」

語源・由来 怠けてひたすら眠る意で、比喩的に用いる。「貪る」は欲しがる意。

二つ返事で

【ふたつへんじで】

意味

ためらうことなく、すぐ承諾すること。

用例「断られるかと心配していたが、レオは新入りの教育係を二つ返事で引き受けてくれた」

語源・由来 気軽に「はいはい」と、「はい」を重ねて返事をすることから。

類語 快諾、即応

対義語 生返事、空返事

恩に着る

【おんにきる】

意味

人から受けた恩をありがたく思う。

用例「一生恩に着るから、今日の宿題のプリントを写させてくれないか」

語源・由来「着る」は「受ける」の意。

対義語恩に着せる、恩を売る

馬が合う

【うまがあう】

意味

互いに気が合うことのたとえ。

用例　「二人は兄弟ではないが、不思議と馬が合うようで、いつも一緒にいるよ」

語源・由来　馬と乗る人の呼吸がぴたりと合うとうまく乗りこなせることから。

類語　波長が合う、しっくりとゆく、意気投合する

身を立てる

【みをたてる】

意味

決まった職業について生計を立てる。立身出世する。

用例 「彼は、東京の有名な店で修業を積み、寿司職人として身を立てようと考えている」

類語 自立する、故郷へ錦を飾る

呆気に取られる

【あっけにとられる】

意味

思わぬことに出くわして、驚きあきれる。

用例 「何の前触れもなく突然踊りだした彼女を見て、呆気に取られた」

語源・由来 「呆気」には、古語の、ぼんやりとしたさまを示す擬音語「開口《あんけ》」から転じたという説、また口を開けるという意味をもつ「明《あけ》」が促音化したものという説とがある。

不意を食らう

【ふいをくらう】

意味

出し抜けに何かをされる。思いがけないことに出あう。

用例 「ぐはぁ！ 不意を食って、痛恨の一撃を決められた」

語源・由来 「不意」は、思いがけないこと。予期しないときに突然襲いかかる意から。

類語 不意打ちを食う、寝耳に水、青天の霹靂

穴があったら入りたい

【あながあったらはいりたい】

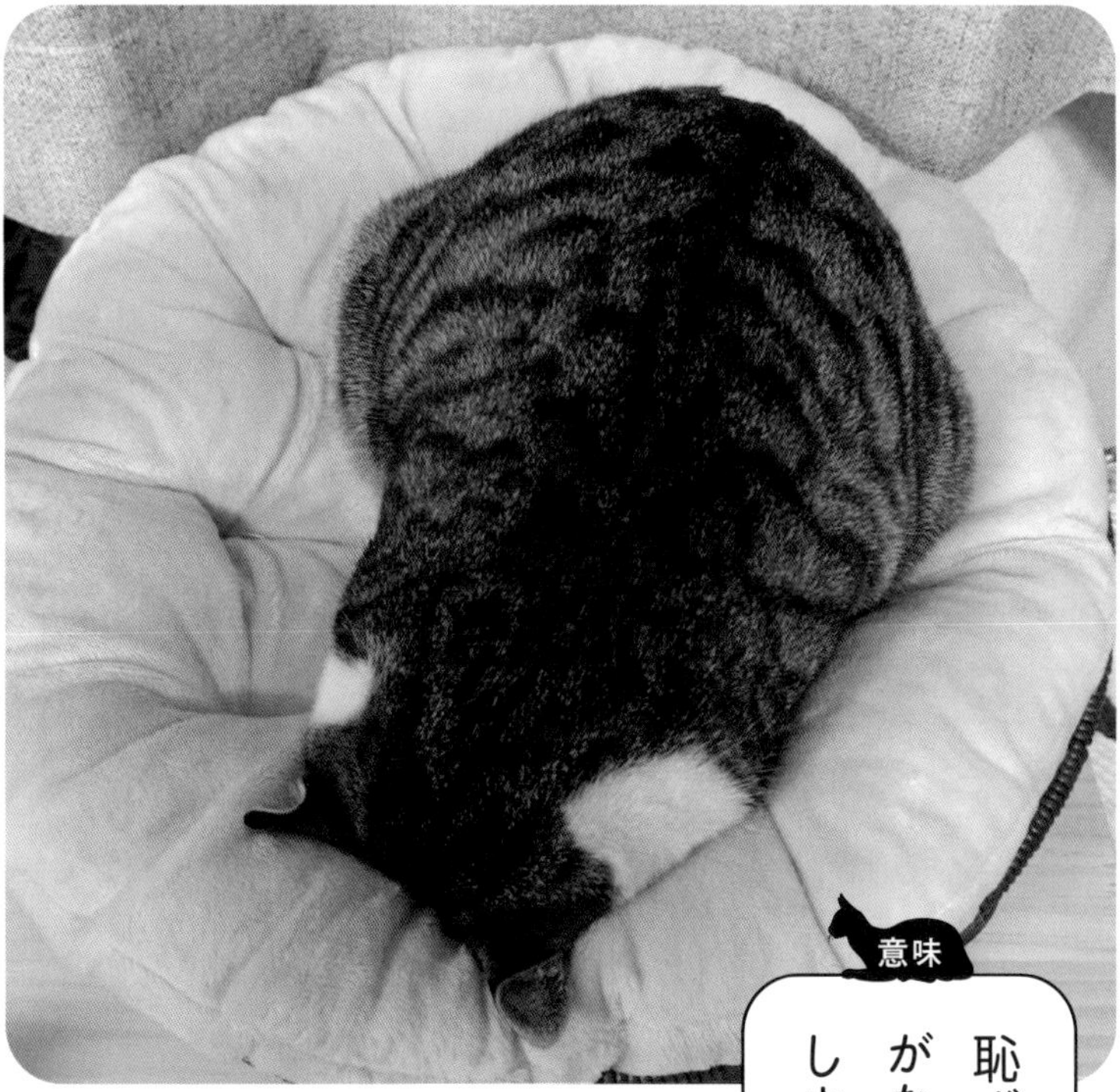

意味

恥ずかしくて身の置き場がなく、どこかに隠れてしまいたい。

用例 「皆の前で滑って落ちるところを見られてしまい、穴があったら入りたくなった」

語源・由来 古代中国の『賈誼《かぎ》新《しん》書《じょ》』に掲載されている故事で、自分の失敗から、穴があったら入って身を隠したいほど恥ずかしいと思ったことから。

類語 身の置き所がない、忸怩《じくじ》たる思い

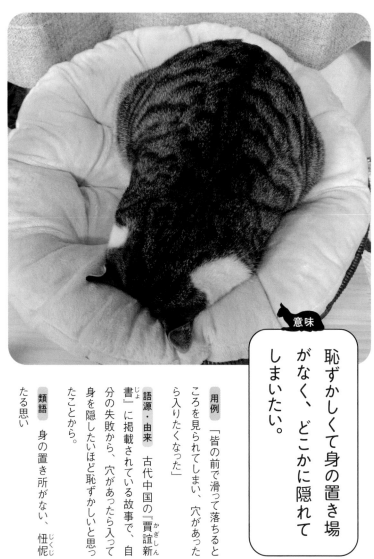

意味

部外者が、一般には知られていないような内部事情を知ってしまうこと。

用例　「楽屋裏を覗かれてしまった以上は正直に実情を打ち明けるしかないようだ」

語源・由来　華やかな舞台とは違った楽屋の内部を覗く意から。

楽屋裏を覗く

【がくやうらをのぞく】

瓜二つ

【うりふたつ】

意味

親子兄弟などの顔がそっくりなこと。

用例 「顔かたちからポーズまでそっくりね」「僕たち兄弟は、瓜二つだってよく言われるよ」

語源・由来 瓜を縦に二つに割ると、どちらも同じ形をしていることからのたとえ。

聞き耳を立てる

【ききみみをたてる】

意味

よく聞こうとして神経を集中させる。一心に聞こうとする。

用例 「下僕たちのやり取りを、隣の部屋で聞き耳を立てて聞いていました」

語源・由来 「聞き耳」は、よく注意して聞こうとすること、また、その耳の意。

関連語 壁に耳あり障子に目あり

高みの見物

【たかみのけんぶつ】

意味

物事の成り行きをはたからおもしろがって見ていること。

用例　「あの二人、また取っ組み合いの喧嘩をしているよ。こっちはいつも通り高みの見物といこう」

語源・由来　「高み」は、下が見下ろせるような高い所で、下の方で騒いでいる人たちを第三者の視点で興味本位で眺めている様子から。

類語　対岸の火事、川向かいの喧嘩

目を丸くする

【めをまるくする】

意味

びっくりして目を大きく見開く。

用例「とてもかわいい靴があったので、値段を見てみたら、あまりの高さに目を丸くした」

語源・由来 人は予想外のことが起こると通常よりも「目」を大きく開き、黒目がいつもよりまん丸になると言われているので、その様子から。

類語 舌を巻く、度肝を抜く、鳩が豆鉄砲を食ったよう

目も当てられない

【めもあてられない】

あまりにもひどい状態で、見ていることができない。

用例　「今日のサッカーの試合は、目も当てられないほどの負け試合だった」

語源・由来　「当てる」は、ここでは「直面させる」という意で、酷い状態に「視線を向けることができない」という様子から。

類語　目を覆う

下衆の勘繰り

【げすのかんぐり】

意味

心が卑しい者は、ひがみっぽくて邪推するというたとえ。

用例 「旅行に行くとか言ってキャリーに入れて、本当は病院に連れて行く気じゃないの？」「そんな下衆の勘繰りはやめて早くおいで」

語源・由来 「下衆」とは、もとは身分の低いことを表していた言葉で、転じて「心が卑しい」という意味で使われる。

乙に澄ます

【おつにすます】

意味

妙に気取っている様子。

用例　「うちの姉は最近乙に澄ましておしゃれにも凝っているが、ボーイフレンドでもできたのかな」

語源・由来　「乙」は、普通と違う様子。妙な様子。

下駄を履くまでわからない

【げたをはくまでわからない】

意味

勝負事は決着がつくまで勝ち負けは判断できないということ。

用例　「この勝負、下駄を履くまでわからないな。まぁほどほどにね」

語源・由来　「下駄を履く」は、古語で「物事が無事終わり、帰る支度をする」という意味がある。勝負を優勢に進めている人に対しては「最後まで油断するな」という警告として、劣勢な人に対しては「あきらめずに頑張れ」という励ましとしても機能する。

為せば成る

【なせばなる】

意味

やろうと思えばどんなことでも成し遂げることができるということ。

用例　「これ以上は無理そうにゃ…」「あなたの実力ならできるはずよ。為せば成るだ。頑張って！」

語源・由来　「為せば成る為さねば成らぬ何事も成らぬは人の為さぬなりけり」という歌がある。これは、江戸時代、米沢藩主の上杉鷹山が家臣に示した歌と言われる。

往生際が悪い

【おうじょうぎわがわるい】

意味

追い詰められてどうすることもできない状況なのに、あきらめが悪い。

用例 「負けず嫌いなあの子は本当に往生際が悪い」

語源・由来 仏教用語で「往生」は死、「際」は境のことで、「往生際」は、本来、死に際の意。死ぬ間際になっても生き延びようとして観念しないさまからのたとえ。

そうは問屋が卸さない

【そうはとんやがおろさない】

意味

そんなに簡単に思い通りにはならない。

用例　「調子のいいことを言ってごまかそうとするけれど、そうは問屋が卸さないよ」

語源・由来　そんな安い値段では問屋は品物を卸さない意から。相手の勝手な言い分や思惑などに対して言う。

暗礁に乗り上げる

【あんしょうにのりあげる】

意味

思いもよらない障害が出てきて、事の進行が妨げられること。

用例 「これまで順調だった計画が、ここにきて暗礁に乗り上げてしまった」

語源・由来 船が海中に隠れて見えない岩に乗り上げて動けなくなることから、物事が思わぬ障害や困難に出合って先へ進まなくなることのたとえ。

類語 水を差される

対義語 順風満帆

角突き合わせる

【つのつきあわせる】

意味

仲が悪くて衝突する。

用例 「あの二人は仲が悪くていつも角突き合わせている」

語源・由来 牛や鹿など、頭に角のある動物の雄が争うとき、互いの角を突き合わせて戦うところからきた言葉で、身近な者どうしの争いに対して使う。

顔が潰れる

【かおがつぶれる】

意味

面目を失う。体面・名誉が傷つけられる。

用例 「君の軽率な行動は私の顔を潰すことになるからやめてほしい」

語源・由来 「顔」は対面、面目、名誉の意。

類語 面目が潰れる、面目丸潰れ、顔に泥を塗る

泣きを入れる

【なきをいれる】

意味

泣いて謝ったり、哀願したりする。

用例 「今さら泣きを入れても遅いよ。絶対に許さないから」

語源・由来 「泣き」は、「相手の心に訴えるようなこと」の意で、「入れる」は、「外側から何かを作用させる」こと。本来許してもらえないところに、許しを請うことを表す。

食って掛かる

【くってかかる】

意味

激しい口調や態度で相手に立ち向かう。

用例　「彼に注意をしたら、余計なお世話だと食って掛かってきた」

語源・由来　勢いよく、食いつくように相手に攻め掛かる意。

類語　啖呵《たんか》を切る、噛みつく

尻が暖まる

【しりがあたたまる】

意味

同じところにいつまでもいること。

用例 「この店は居心地がいいね。尻が暖まると帰るのがいやになるよ」

類語 尻がぬくもる

尻尾を掴む

【しっぽをつかむ】

意味

他人の隠している本性や正体、悪事や不正の証拠を掴む。

用例 「物的証拠を見つけて、犯人の尻尾を掴んだぞ。これでやっと逮捕できる」

語源・由来 化けていた狐や狸の尻尾をつかんで、正体を暴く意から。

身の毛がよだつ

【みのけがよだつ】

意味

恐ろしさのあまり体中の毛が逆立つ。ぞっとする。

用例 「近所で強盗事件があったと聞いて、身の毛がよだった」

語源・由来 「よだつ」は、「恐ろしさや寒さのために体の毛が立つ」という意。

類語 肌に粟を生ず、鳥肌が立つ、背筋が寒くなる

赤の他人

【あかのたにん】

意味

縁もゆかりもない、まったくの他人。

用例　「彼とはどういう関係なの？」「赤の他人だよ。他人の空似ってやつさ」

語源・由来　「赤の」はまったくの、の意で、他人を強調していう。

類語　無縁、無関係、没交渉

対義語　身内

足が出る

【あしがでる】

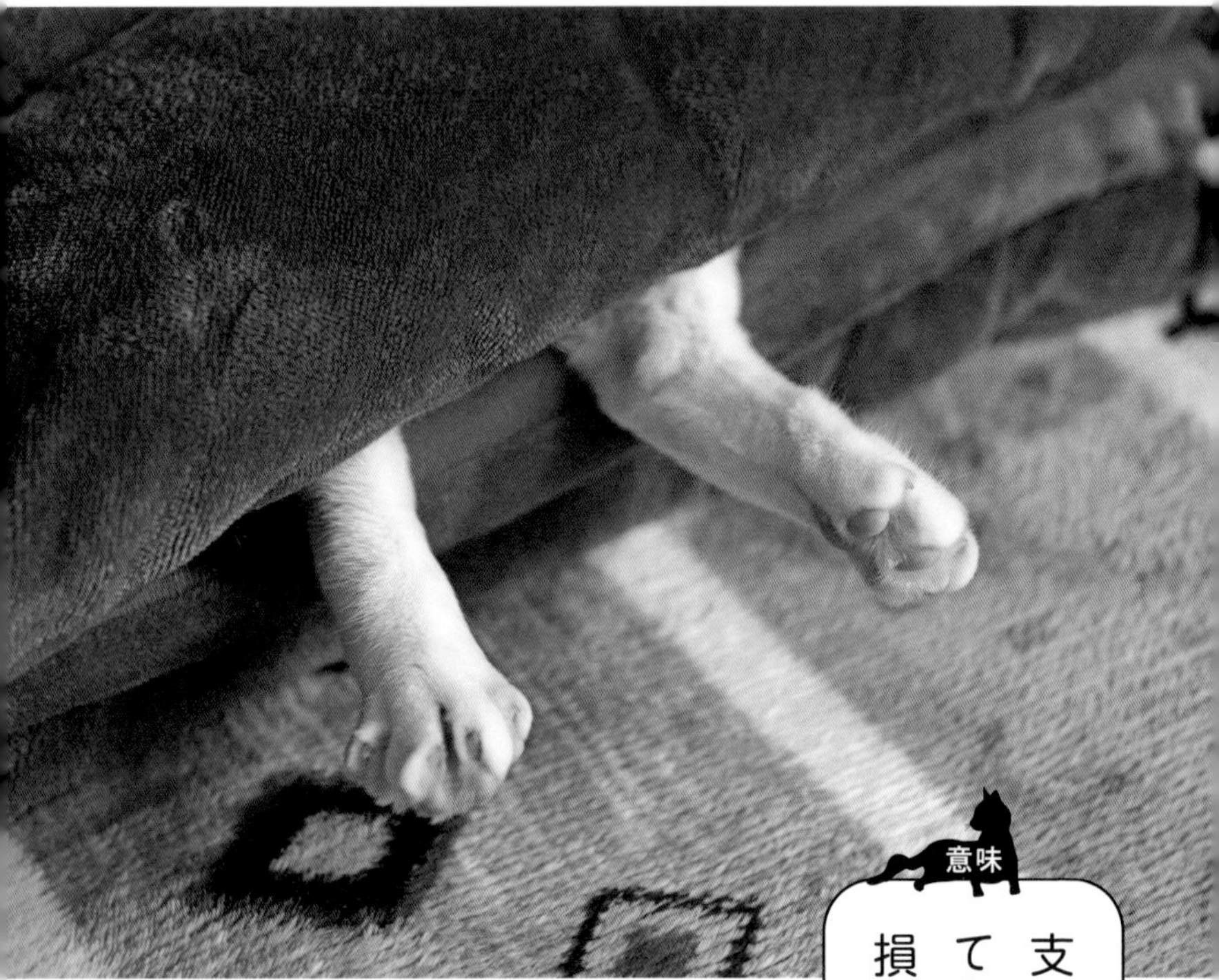

意味

支出が予算より多くなってお金が足りなくなる。損をする。

用例 「ゆうべはみんなよく飲んだね。予算に足が出て困ったよ」

語源・由来 一説には、お金が足りないのに着物を仕立てようとして、予算にあわせた生地の長さで作ったら、寸足らずになり、着たときに足が見えてしまったという話がある。

足下を見る

【あしもとをみる】

意味

相手の弱みにつけこむ。

用例　「世の中には、人の足下を見て、安いものを高く売りつける悪いやつがいるから、気を付けなくてはいけないよ」

語源・由来　駕籠《かご》かきなどが、旅人の足の疲れ具合を見て高い料金を要求したことから。

類語　内兜を見透かす

体を交わす

【たいをかわす】

意味

相手からの攻撃や非難などを、巧みに避ける。

用例 「相手の強烈な右ストレートを、体を交わして避けてやった」

語源・由来 体を転じて衝突を避ける意から。

団子に目鼻

【だんごにめはな】

意味

丸い顔の形容。

用例 「あの子たちの顔はまん丸で、まるで団子に目鼻だね」

語源・由来 顔の形だけを表す言葉で、顔立ちの良し悪しを問わず、お団子のようなまん丸とした顔という意。

関連語 卵に目鼻、炭団《たどん》に目鼻、鍋蓋に目鼻、カボチャに目鼻

痛くもない腹を探られる

【いたくもないはらをさぐられる】

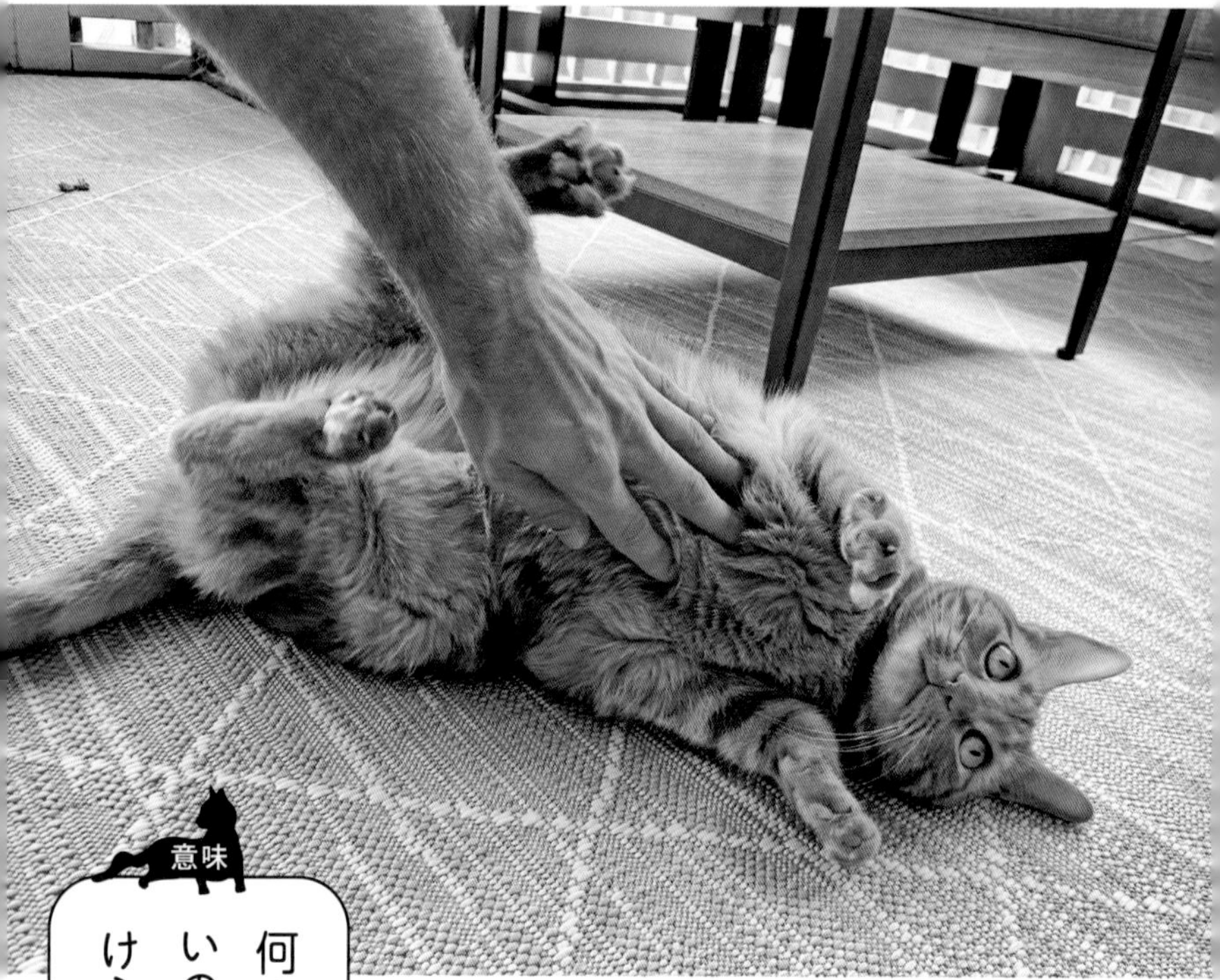

意味

何も悪いことはしていないのに、あらぬ疑いをかけられる。

用例 「おかしなメールをしてくるのはやめてよ。妻に見られて、痛くもない腹を探られたよ」

語源・由来 腹痛でもないのに、痛いのはどこかと探られることから。

類語 食わぬ腹探られる

対義語 急所を突かれる

盗人猛猛しい

【ぬすっとたけだけしい】

意味

悪事を働いておきながら、ずぶとく平然としているさま。

用例 「あの猫、盗人猛猛しいにもほどがある」

語源・由来 「猛々しい」は、「ずうずうしい」の意。人のものを盗むような悪事を働いたにも関わらず、ずうずうしく素知らぬふりをしていることから。

類語 厚顔無恥、面の皮が厚い

得も言われぬ

【えもいわれぬ】

意味

どうにも言い表しようがないほどすばらしいさま。

用例 「初体験のペットエステは得も言われぬ心地よさでした」

語源・由来 「得も」は、下に打ち消しの語を伴って、どうにもすることができない意で用いる。「言葉で表現することができない」の意から。

類語 言葉に表せない、筆舌に尽くしがたい

年貢の納め時

【ねんぐのおさめどき】

意味

長い間悪いことをしてきた者が捕まって処罰を受けるとき。

用例 「あの泥棒猫はずいぶんあちこちで悪いことをしていたけれど、とうとう年貢の納め時がきたようだ」

語源・由来 今まで納めないでいた年貢を、ついに納めなくてはならないときがきたという意から。

鼻っ柱が強い

【はなっぱしらがつよい】

意味

気性が激しく、相手に負けまいと張り合う気持ちが強い。

用例 「あの子は鼻っ柱が強くて、他の子と衝突ばかりしている」

語源・由来 鼻筋の骨が頑丈であるの意から。ちなみに「鼻柱」とは、二つの鼻の穴を隔てている壁の先端の部分。

類語 我が強い、意地っ張り

頭から水を浴びたよう

【あたまからみずをあびたよう】

意味

突然恐ろしいことに出合って、驚き、ぞっとする様子。

用例 「森の中でクマを見つけ、頭から水を浴びたような恐怖に震えた」

語源・由来 突然頭から水をかけられたときに感じる恐怖や驚きから、予期せぬ出来事や怖いことに遭遇し、ぞっとしたり、驚いたりする状況を表す。

類語 寝耳に水、青天の霹靂

目で目は見えぬ

【めでめはみえぬ】

意味

自分の欠点、短所は自分では気がつかないものであるということ。

用例　「目で目は見えぬというけれど、人に指摘されて自分の欠点に気づくことも多い」

語源・由来　自分の目で自分の目は見えないことから、他人の様子、または欠点はよくわかるが、自分のこととなるとよくわからないということのたとえ。

類語　目は毫毛《ごうもう》を見るも睫《まつげ》を見ず

目の毒

【めのどく】

意味

見るとほしくなったり、よくない影響を受けたりするもののこと。

用例　「ダイエット中の彼女に見せると目の毒だから、ケーキは向こうで食べてね」

類語　聞けば気の毒 見れば目の毒

対義語　目の保養

目を光らす

【めをひからす】

意味

あやしいと睨んで、よく気をつけて見る。監視を厳重にする。

用例 「張り込み警官が、今日も監視の目を光らせている」

類語 警戒する、危ぶむ

油断も隙も無い

【ゆだんもすきもない】

意味

少しも気が許せない。

用例　「ちょっと目を離した隙に横取りされそうになった。まったく油断も隙もないぞ」

語源・由来　「油断」は注意や集中が途切れるさま。油断せず、隙を見せることがないようにしないと、相手につけ込まれるということ。

類語　余裕綽々《よゆうしゃくしゃく》ではいられない

累卵の危うき

【るいらんのあやうき】

意味

不安定で、きわめて危ない状態。

用例 「帰宅するや否や、累卵の危うきという場面に出くわしてしまった」

語源・由来 「累卵」とは、卵を積み重ねるという意で、そのように、非常に不安定で危険が迫っていることのたとえ。

類語 一触即発、危機一髪

ありがた迷惑

【ありがためいわく】

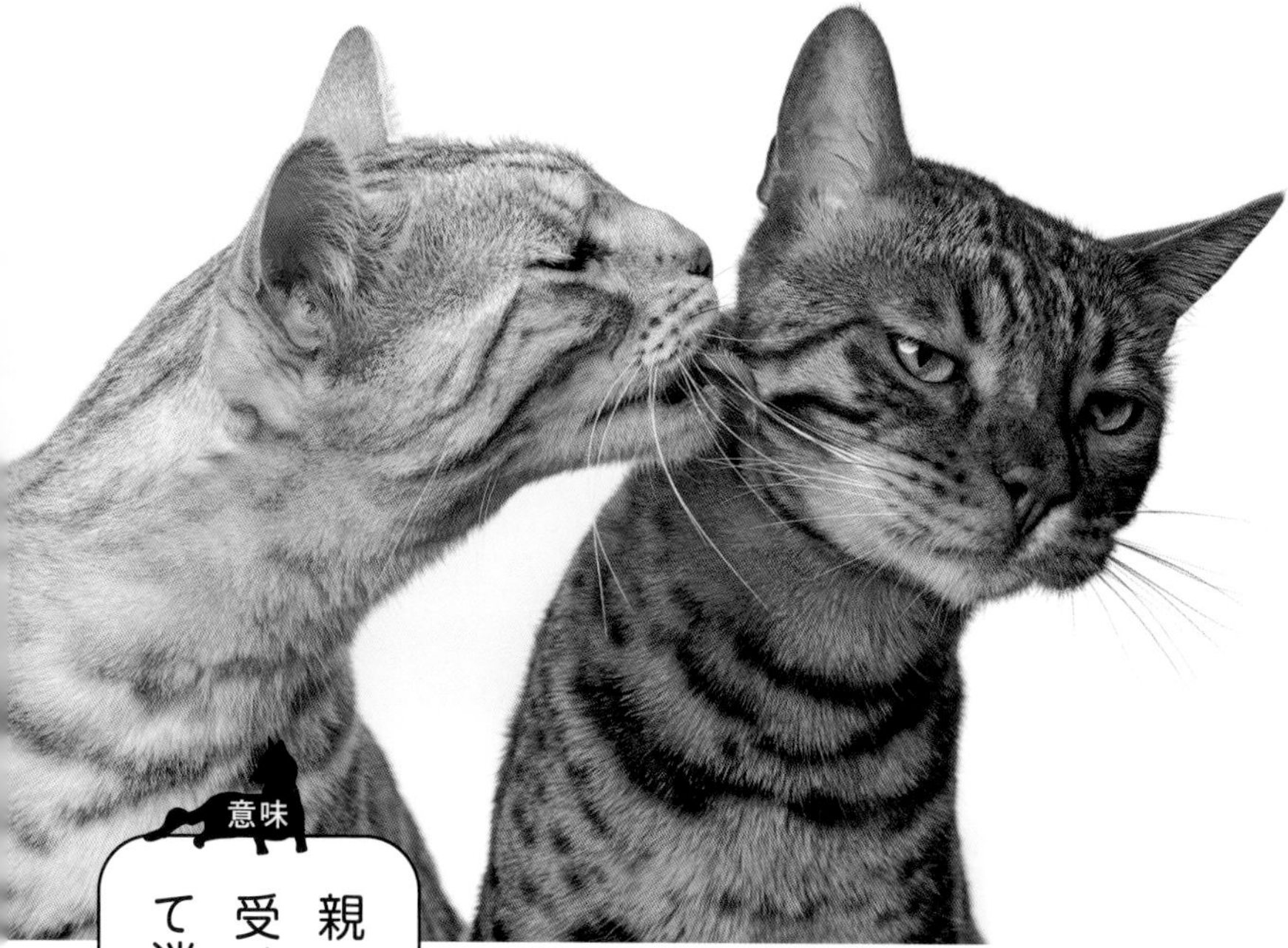

意味

親切や好意が、それを受ける人にとってはかえって迷惑となること。

用例 「彼はいつも丹念にグルーミングをしてくれるが、少ししつこいので、正直に言うとありがた迷惑だ」

語源・由来 相手が親切心で行った行為が、受ける側には「ありがたい」と思えず、迷惑に思うことから。

類語 おせっかい、余計なお世話、無用の親切

白を切る

【しらをきる】

意味

知っているのに知らないふりをする。しらばくれる。

用例　「白を切っても、証拠が挙がっているんだぞ」

語源・由来　「しら」は「知らぬ」の略で、「白」は当て字にしたという説がある。「切る」は、「啖呵を切る」「見得を切る」などと同じで、目立つような口ぶりや態度をする意味であることから、「白を切る」は「知らないという態度を敢えてする」ということ。

陰で糸を引く

【かげでいとをひく】

意味

裏で人を自分の思い通りに操る。

用例「今回の事件、陰で糸を引く黒幕は、なんとうちの猫だったよ」

語源・由来 人形遣いが人の見えないところで糸を操って人形を動かすことから。

類語 黒幕として動く

右と言えば左

【みぎといえばひだり】

意味

人の言うことに、わざと反対すること。

用例 「うちの子たちは反抗期みたいだ。双方がお互いに右と言えば左だから、ちっとも話が決まらないよ」

語源・由来 他人が「右である」と言えば、反対の「左である」という意から。

類語 ああ言えばこう言う、西と言えば東と言う、白と言えば黒、山と言えば川

何食わぬ顔

【なにくわぬかお】

意味

自分は何も知らないといった顔つき。そしらぬ顔。

用例 「今さっき、パソコンの上に乗ってはいけないと言い聞かせてどかした猫が、ちょっと席を外している間に、また何食わぬ顔で座っていた」

語源・由来 何も食べてはいないという顔つきの意から。

類語 涼しい顔、しれっとした顔

苦虫を噛み潰したよう

【にがむしをかみつぶしたよう】

意味

非常に不愉快なときの苦々しい表情のたとえ。

用例 「何があったのか、息子が苦虫を噛みつぶしたような顔で学校から帰ってきた」

語源・由来 「苦虫」は噛んだらさぞ苦い味がするだろうと思われる想像上の虫。それを噛みつぶしたようなということのたとえ。

喉から手が出る

【のどからてがでる】

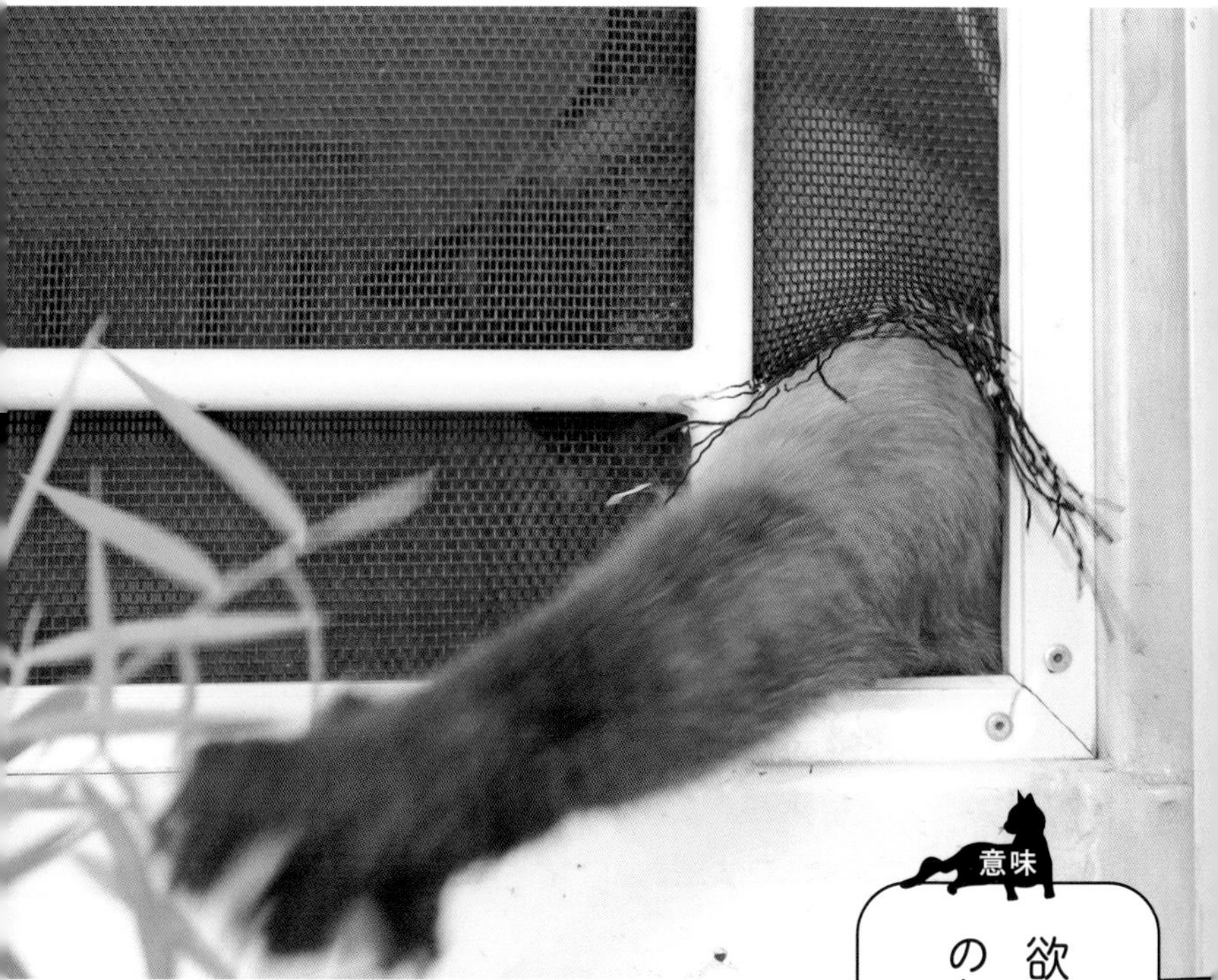

意味

欲しくてたまらない様子のたとえ。

用例　「喉から手が出るほど欲しかったアニメキャラクターのフィギュアをついに手に入れた」

語源・由来　両手だけでは足りず、口の中からもう一本手を出してまで掴みたいと、強く何かを求めている気持ちを表す。

会心の笑み

【かいしんのえみ】

意味

自分の思う通りになって、満足の気持ちから思わずにっこり笑うこと。

用例 「彼は、でき上がった力作を前に、会心の笑みを浮かべた」

語源・由来 「会心」は、物事が思い通りになって満足すること。

足に任せる

【あしにまかせる】

意味

どこへ行くという目的もなく、気の向くままに歩く。

用例 「町をぶらぶらと足に任せて歩いていたら、おしゃれなカフェを見つけた」

類語 足の向くまま気の向くまま、うろつく、ぶらつく、ほっつく、彷徨う

骨肉の争い

【こつにくのあらそい】

意味

血のつながる者同士が利害をめぐって対立し争うこと。

用例　「家業の後継者をめぐり骨肉の争いが起きる」

語源・由来　「骨肉」は、骨と肉は離れないところから、血のつながる者、親子や兄弟など肉親のたとえ。

類語　骨肉相食《こつにくあいは》む

手の内を見せる

【てのうちをみせる】

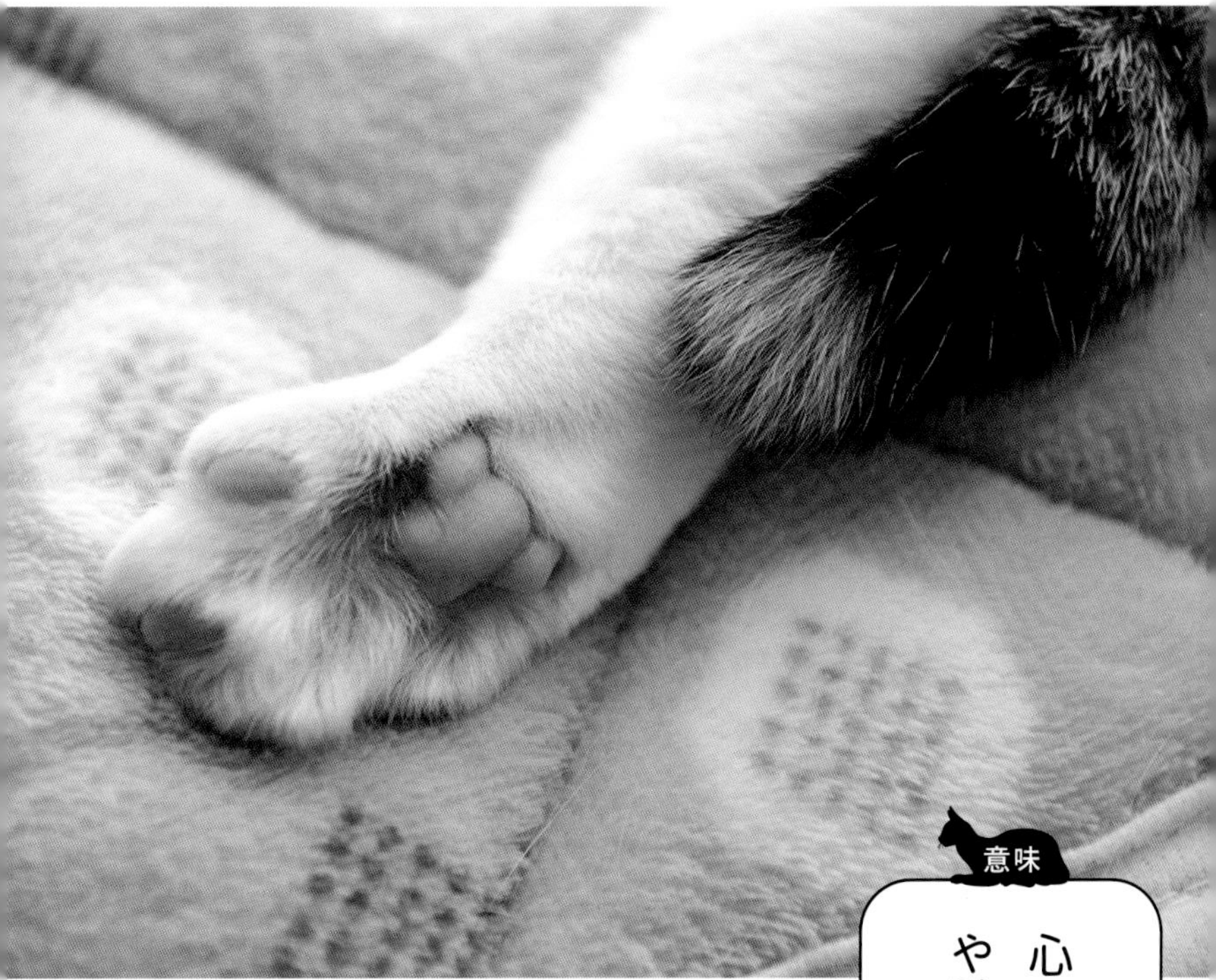

意味

心の中に持っている考えや計画を、人に示す。

用例　「敵に手の内を見せるのを防ぐため、試合まで練習は公開しない」

語源・由来　「手の内」とは、弓道において「弓を握る方法」のこと。それを見るとその人の流儀や技量を推し量ることができることから、「腕前、手並み」「心の中の考えや計画」という意味が生じた。

類語　手の内を明かす

笑壺に入る

【えつぼにいる】

意味

思い通りになって大いに喜ぶ。満足する。

用例 「彼は、策略がうまくいき笑壺に入っているようだ」

語源・由来 元々は、笑いがとまらないことを形容した語。「笑壺」は、そこを押さえられると笑いが抑えられなくなる体の急所。

尻を食らえ

【しりをくらえ】

意味

人をあざけり罵っていう言葉。悪口のひとつ。

用例　「何をふざけたことを！尻を食らえ！」

語源・由来　『日本書紀』によれば、西暦562年に新羅《しらぎ》と戦っていた日本軍の副将、調《つきの》伊企儺《いきな》という人物が相手方に捕らえられ、新羅の将から「日本の将よ、わが尻を食らえ」と叫ぶように迫られたが、それに対し伊企儺は「新羅王よ、わが尻を食らえ」と叫んで、怒りを買い殺されたという。

凄みを利かせる

【すごみをきかせる】

意味

相手を恐ろしい顔つきや態度などで威圧してこわがらせる。

用例　「その猫は、『にゃーご！』と低く鳴き、凄みを利かせながら近寄ってきて、おやつをよこせと要求した」

語源・由来　「凄む」は、人をおどすような言葉や態度をとること。「利かせる」は十分効き目があるようにすること。

舌を巻く

【したをまく】

意味

驚いたり感心したりする様子。

用例　「あいつは元々できるやつだとは思っていたが、ここ最近の頑張りぶりには、みんなが舌を巻いている」

語源・由来　「巻く」は丸めるという意で、感動すると舌が丸まって、言葉が出なくなることから。もともとは「言葉が出ないほど驚く」という意だが、驚くだけでなく尊敬の意味も込めて使うことができる。

舌を出す

【したをだす】

意味

陰で人をばかにする。または、失敗を恥じて照れ隠しにする動作。

用例 「彼は先生に怒られるたびしおらしく謝っているが、心の中では舌を出している」「先日は、休み時間に大声で先生の悪口を言っていたら、本人が現れたものだから、しまったと舌を出していたよ」

類語 陰口を叩く（前者の意の類語）、頭を掻く（後者の意の類語）

足が付く

【あしがつく】

意味

あるきっかけから、犯人の身元や足取りが分かること。

用例 「ぬかるみを歩いたのが致命的な誤りだった。しっかり残った足跡から足が付いて、彼は捕まった」

語源・由来 昔の道や地面は舗装されていなかったため、人が悪いことをすれば足跡が付いていて、足跡から犯人にたどり着くことから。

類語 尻が割れる

目が点になる

【めがてんになる】

意味

びっくりする。驚く。

用例 「母の奇抜な格好に、目が点になる」

語源・由来 1960〜1970年頃に、マンガで、非常に驚いた表情の人を描いたときに、白目が大きくて瞳が小さく点のみだったことから生まれた言葉と言われている。

類語 目を丸くする、キョトンとする、鳩が豆鉄砲を食ったよう

笑いを噛み殺す

【わらいをかみころす】

意味

笑いたいのを必死に我慢する。

用例 「重要な会議中、難しい顔をした上司の頭に虫が止まっているのを見つけ、笑いを噛み殺す」

語源・由来 「噛み殺す」は、噛むようにして、口が開くのを押さえる意。笑い出さないように口を閉じてこらえる様子から。

対義語 笑い転げる

関連語 欠伸を噛み殺す

意味

おかしくてたまらず、大笑いする。

用例 「彼の話がおかしくて、腹の皮が捩れるかと思うくらいに笑った」

語源・由来 あまりのおかしさに、腹の皮をくねり曲がらせ大笑いする様子から。

腹の皮が捩れる

【はらのかわがよじれる】

頭打ちになる

【あたまうちになる】

意味

物事が限界に達して、それ以上進展する見込みのない状態になる。

用例　「いくら勉強してもテストの点は頭打ちで、成績を上げることができず伸び悩んでいる」

語源・由来　「頭打ち」は、もとは金融業界で相場が高値の限界に達することの意。

類語　伸び悩み、上げ止まり

対義語　底を打つ、下げどまり

関連語　横ばいになる、足踏みをする

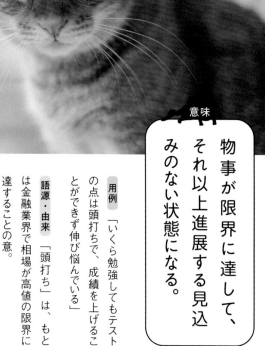

臆病風に吹かれる

【おくびょうかぜにふかれる】

意味

臆病な気持ちになる。おじけづく。

用例　「登ってはみたものの、急に臆病風に吹かれて動くことができなくなった。誰か助けて」

語源・由来　「臆病風」の「風」は、「先輩風を吹かす」などの「風」と同じで、そぶりや様子を表す。

類語　臆病神がつく

鼻の下が長い

【はなのしたがながい】

意味

男性が女性に甘い。好色である。

用例　「彼は美人を見るとすぐ鼻の下が長くなるので残念だ」

語源・由来　女性に心をとらわれ、デレデレして顔の緊張感がなくなり鼻の下が間延びしてしまうこと。

類語　目尻が下がる、目を細める

対義語　涼しい顔

梃子でも動かない

【てこでもうごかない】

意味

どういう手段を使っても動かせない。決心を変えない。

用例 「僕の話を聞いてくれるまで、ここから梃子でも動かないぞ」

語源・由来 「梃子」は、重い物を動かすときに使う棒。梃子を使えば大きな物でもわずかな力で動かすことができるが、その梃子を用いても少しも動かないということから。

白い目で見る

【しろいめでみる】

意味

冷淡な目、憎しみや反感を含んだ目で見る。

用例 「姉が最近できた彼氏と電話している横で、大きなおならをしてしまったら、白い目で見られた」

語源・由来 中国の魏《ぎ》の阮籍《げんせき》が、気に入らない客には白い目で対し、気に入った客には黒い目で対したという故事から。

類語 白眼視する

手塩に掛ける

【てしおにかける】

意味

自分で世話をして
大切に育てる。

用例　「彼女は生まれた赤ちゃんを愛情たっぷりに、手塩に掛けて育てている」

語源・由来　「手塩」は、昔、料理の味を整えるために小皿に乗せて食膳に置いていた塩。料理の味を自分で調整する様子から転じて、自分で面倒をみることを言うようになった。

顰蹙を買う

【ひんしゅくをかう】

意味

言動が他の人に不快感を与えて、嫌われる。軽蔑される。

用例 「無法者の猫がしつこく戯れつき、犬から顰蹙を買っている」

語源・由来 「顰蹙」は、不快に思って顔をしかめたり、眉をひそめること。「買う」は、ここでは、何かをして、それが原因となって他人に悪感情を持たれる意。

類語 反感を買う、不興を買う、逆鱗《げきりん》に触れる

羽を伸ばす

【はねをのばす】

意味

圧迫感からのがれて自由になり、のびのびと思う存分振る舞う。

用例 「構いたがりの飼い主が出かけて、猫は留守番になったので、思う存分羽を伸ばしている」

語源・由来 鳥がいつでも飛べるように羽を伸ばすことから。

類語 命の洗濯、鬼の居ぬ間に洗濯、羽目を外す

写真提供

にゃんこ編集部、iStock、AdobeStock

[表紙] New Africa／[6] @kinakoleon／[7] @poil_alain_manon_fururu／[8] @nonnon8738／[9] @chingmag_to_may／[10] @hitomi__1014／[11] @marble820／[12] @a_ruru_nyan／[13] @ao.exotic／[14] コンパスくん／[15] @marble820／[16] @halufuyu2020／[17] @haru_sho_p／[18] @kizi_chibi／[19] メルソラみーチャイ／[20] @ararapipiarapi／[21] @denned0119／[22] @haru_sho_p／[23] @kikireosava3／[24] @mei.606.cat／[25] @a_ruru_nyan／[26] @haru_sho_p／[27] @kyurun_0305／[28] m_a.p.r／[29] みろママ／[30] なこなな／[32] @tapi_nattu／[33] @r_k_hole／[34] ソレイユ／[35] てんちゃん／[36] 服部佳弘／[37] うず丸／[38] @qito._.miri／[39] miyabi neco／[40] MRBIG_PHOTOGRAPHY／[41] Tatiana Maramygina／[42] cattosus／[43] Kurgu128／[44] Plus69／[45] pholtana wongsuchart／[46] ryonouske／[47] plasticsteak1／[48] Freer Law／[49] rsmseymour／[50] Astrid860／[51上] Nils Jacobi／[51下] JeremyRichards／[52] kyoshino／[53] Jay Loveland／[54] Dina Vozdvizhenskaya／[55] photo by Volchanskiy／[56] Brad Covington／[57] r-Lonyly／[58] Olya Smolyak／[59] Diyana Georgieva／[60] Sergey Dementyev／[61] ollegN／[62] Evgeniy Anikeev／[63] Kateryna Kovarzh／[64] Valentyna Gupalo／[65] Jasmina81／[66] usas／[67] Nils Jacobi／[68] w-ings／[69] ramustagram／[70] yanjf／[71] Petra Richli／[72] fotostok_pdv／[73] bombermoon／[74] NiseriN／[75] ogs／[76] Pavol Klimek／[77] kyoshino／[78] Robert Way／[79] Lightspruch／[80] Seregraff／[81] chie hidaka／[82] Arndt_Vladimir／[83] bermuda cat／[84] @haku_iro_happiness／[85] torami／[86] chendongshan／[88] Page Light Studios／[89] みなみ／[90] @toraji_king／[91] PS3000／[92] @miinasiina_haha／[93] Smitt／[94] kozorog／[95] Gutzemberg

主な参考文献

『旺文社 標準ことわざ慣用句辞典 新装新版』 旺文社（著） 雨海博洋（監修） 旺文社
『「言いたいこと」から引ける 慣用句・ことわざ・四字熟語辞典 新装版』 西谷裕子（著） 東京堂出版

主な参考ウェブサイト

情報・知識&オピニオン imidas　https://imidas.jp
ことわざ・慣用句の百科事典　https://proverb-encyclopedia.com
Study-Z ドラゴン桜と学ぶ学習サイト　https://study-z.net

インテルフィン
2023年9月1日発行

にゃんこ なるほど!! 慣用句

編集・発行人／小林晴幸

発行所／株式会社インテルフィン
170-0013
東京都豊島区東池袋3丁目5-7
ユニオンビルヂング401
FAX：03-5956-4704　Eメール：sales1@intf.jp（休業日除き常時受付）
TEL：03-6915-2492（祝祭日・休業日除く月水金、12:00〜16:00）

編集／にゃんこ編集部
デザイン／本多麻記
制作／株式会社ピーエーディー

印刷・製本／大日本印刷株式会社

Printed in Japan　ISBN978-4-89212-510-2　©2023 Intelfin Publishing co.,ltd　©PAD co.,ltd